WITH ALL HIS WOUNDS THE SUN RISES

CON TODAS SUS HERIDAS SE LEVANTA EL SOL

poems by

Moisés Villavicencio Barras

Finishing Line Press
Georgetown, Kentucky

WITH ALL HIS WOUNDS
THE SUN RISES

CON TODAS SUS HERIDAS
SE LEVANTA EL SOL

Acknowledgments/ Reconocimientos

Acknowledgment is made to the following magazines where some of these
poems first appeared.
Se hace un reconocimiento público a las siguientes revistas donde
aparecieron estos poemas por primera vez:

Chazen Museum of Art, *Bridge Poems:* Reaction
Wisconsin People's and Ideas: Vuelo de Regreso/ Flying Home
Edited by Kristjanna Grimmelt and Anne Motoviloff

Publisher: Leah Huete de Maines
Editor: Christen Kincaid
Cover Art: Lesley Numbers
Author Photo: Adauto Araujo
Cover Design: Elizabeth Maines McCleavy

Order online: www.finishinglinepress.com
also available on amazon.com

Author inquiries and mail orders:
Finishing Line Press
PO Box 1626
Georgetown, Kentucky 40324
USA

Contents

Para Cynthia Lin
Para Marcel, Adrien and Camilo Villavicencio
a la memoria de mi madre Francisca Barras Talledos
y mi padre Moisés Villavicencio García
Para Ricardo Villavicencio Barras

For Cynthia Lin
For Marcel, Adrien and Camilo Villavicencio
For the memory of my mother, Francisca Barras Talledos
and my father Moisés Villavicencio García
For my brother Ricardo Villavicencio Barras

WITH ALL HIS WOUNDS
THE SUN RISES

CON TODAS SUS HERIDAS
SE LEVANTA EL SOL

SPOTTED

You know that life is eternal
because you have seen it
in slow motion
in the eyes of your dog,
that asks you with howls,
that you save him from the poison,
that your neighbor hid in his meat.

The image you've seen
is that of a child at 10 years old
who turns around himself
with the front legs
of your pet in your hands.
You don't know how, but you try
to keep your dog breathing.

First, soapy water
enters between his locked fangs
from a crisp plastic bottle
about to break
from the pressure of your fingers

The dust in the yard
surrounds you.
You are a top
that spins desperate.

While your neighbor
who threw the poison at your dog, asks you
Do you think you can save him?

MANCHAS

Sabes que la vida es eterna
porque las has visto
en cámara lenta
en los ojos de tu perro,
que te pide con aullidos,
que lo salves del veneno,
que el vecino ocultó en la carne.

La imagen que has visto
es la de un niño a los 10 años:
gira sobre sí mismo
con las patas delanteras
de su mascota en las manos.
No sabes cómo, pero tratas
de que tu perro siga respirando.

Primero, el agua de jabón
entra entre sus colmillos trabados
desde una botella crujiente de plástico
a punto de romperse
por la presión de tus dedos.

El polvo del patio
te envuelve, eres un trompo,
danzas desesperado.

Mientras, el vecino
que tiró el veneno a tu perro, te pregunta
¿Piensas que podrás salvarlo?

Your father from another corner
of your patio watches you.
He walks to the neighbor:
It looks like a storm is coming.
The neighbor answers:
Step in, Don Luis, let's don't
get torn apart by lightning.

Your pet starts
to foam from his mouth
and his body, rigid before
softens like a rag
in the water of a meditative stream.

You turn and turn
while the first drops of rain
whip up the dust where your marbles
rest pensive.

You do not know how,
but you keep trying
to make life and not death eternal.

Tu padre desde una esquina
del patio te observa.
Camina hacia el vecino:
Parece que viene una tormenta. Le dice
Pásele, Don Luis, no sea que nos
vaya a descuartizar un rayo.

Tu mascota empieza
a sacar espuma por el hocico,
y su cuerpo, antes rígido
se ablanda como un trapo
en el agua de un arroyo meditativo.

Giras y giras
mientras las primeras gotas
azotan el polvo donde tus canicas
descansan.

No sabes cómo,
pero sigues tratando
de que la vida y no la muerte sea eterna.

PANDEMIC

Seven months.

We walk
back and forth
in the dark.

Back and forth
they walk.

Leaves and mud
between the paws of my dogs.

Among maples
and apple trees,
I listen to the sound
of my memories.

Lockdown,
not for the ones
that work with the sick
and the dead.

Before,
we breathed
without fear.
We took oxygen
for granted.

Thousands
take their last breath
in solitude.

At night, an owl
comes to brighten the night.

PANDEMIA

Siete meses.

Caminamos
de ida y vuelta
en la oscuridad.

De ida y vuelta
caminan ellos.

Hojas y lodo
entre las patas mis perros.

Entre arces y manzanos,
escucho
el sonido de mis recuerdos.

No hay
aislamiento
para lo que trabajan
con los muertos
y los enfermos.

Antes respirábamos
sin miedo.
Tomamos el oxígeno
como un regalo.

Miles tomaron
su último aliento
en la soledad.

Viene a iluminar
la noche un búho
con sus llamados.

LIGHT

My first language was stolen
from my tongue
like when you uproot
an almond tree
new to the softness
of the ground and the morning.

My mom used to say
that our language sounded
like trails, like river rocks
in pockets of light.

She knew one word
from our language
that she could not pass
to us, her sons.
Sacred word, she said
there is no object or concept
my word represents,
there is no practicality.

They said this word has powers
in the next world
but who knows?

Nothing was certain; solid
to us like things are to you.

Light as you know it
did not come in a glass,
it had no artificial voice.

Light did not illuminate
our steps into time and glory.

Light was a tight stone tunnel,
underground.
Light tasted old, mineral, and divine.

LUZ

Robaron mi primer idioma
de mi lengua
como cuando desentierran
un almendro
nuevo para la suavidad
del suelo y la mañana.

Mi mamá solía decirnos
que nuestro idioma sonaba
como senderos, como rocas de río
en los bolsillos de luz.

Ella sólo sabía una palabra
de nuestro idioma
y no pudo pasarla
a nosotros, sus hijos.

Palabra sagrada, dijo
Mi palabra no representa
Ningún objeto, ni concepto
no tiene practicidad.

Me dijeron que esta palabra tiene poderes.
en el próximo mundo
¿Pero quién sabe?

Nada estaba seguro, sólido
para nosotros
como son las cosas para ustedes.

La luz como tú la conoces
no vino desde una bombilla,
no tenía voz artificial.

La luz no iluminó
nuestros pasos hacia el tiempo y la gloria.

La luz era un estrecho túnel de piedra,
subterráneo.
La luz tenía un sabor viejo, mineral y divino.

FLYING HOME

My father keeps seeds
safe inside
small matchboxes.

He holds his hand
out to me
a seed in his bark-like palm.

"This seed has wings
like a dragonfly.
I had it for so many years
that I don't know
if she still will want to see the light."

I touch one of the wings
and it breaks.
"Don't worry, son, I have
many seeds of this kind."

How did he become
this tender man
that gathers seeds,
and dries leaves between
book pages?
In my childhood,
he was a god
who had no pity
with my brother and me.

I step out of his kitchen
my brother steps in like a cat,
and in quiet voice
he tells my father:
"Stop collecting trash."

VUELO DE REGRESO A CASA

Mi padre mantiene semillas
seguras adentro
de pequeñas cajas de cerillos.

Mi padre extiende
la mano y me muestra una
en su palma abierta como corteza.

Esta semilla tiene alas de libélula
la he tenido por tantos años
que no se si todavía quisiera mirar la luz.

Toco y rompo
una de sus alas.
Tengo más hijo, no te preocupes.

¿Cómo se volvió
mi padre un hombre tierno
que colecciona semillas
y hojas secas entre libros?
En mi infancia era un dios
que no tuvo piedad de mi hermano y yo.

Salgo de su cocina.
Mi hermano entra
como un gato
y en voz baja le dice:
Deja de recolectar basura.

I tell my father I have to go,
my flight will leave
the city at noon. When I arrive in the north
this seed will feel the cold
and awaken in its light.

Digo a mi padre
que me voy.
que mi vuelo sale
al mediodía de la ciudad.
A mi llegada
la semilla despertará
cuando sienta la luz fría del Norte.

REACTION

Years ago,
I had shoes
the color of insomnia.

These shoes
waited for me
in the cold of night
like two crows.

One day, my brother
looked at the label
and said to me:
"These shoes
were made
in workshops
of sweat and blood."

Yet these
shoes took me
from one country to another,
from one storm to another.

Sometimes,
hate entered my shoes
like water
from puddles
that cannot close their eyes;
a desire to walk

entered my shoes,
and we walked,
hungry,
for days,
until we reached
the house of reason.

REACCIÓN

Hace algunos años
tuve unos zapatos
color del insomnio.

Esos zapatos
me esperaban
en el frío de la noche,
como dos cuervos.

Un día, mi hermano
miró la etiqueta
y me dijo:
"Estos zapatos
fueron hechos
en los talleres
del sudor y la sangre."

Aún así esos
zapatos me llevaron
de un país a otro,
de una tormenta a otra.

A veces
les entró el odio,
como agua
de charcos
que no puede cerrar los párpados;
les entraron
las ganas de caminar
y caminamos,
hambrientos,
por días,
hasta llegar
a casa de la razón.

Sometimes these
shoes made
a scene
and kicked down
doors and cabinets,
like the hooves of a horse
who is sick of himself.

These shoes
kicked boxes,
books,
all things
that bore
traces of man.

On nights
when I cannot
turn off the lights
of my eyes,
when I keep
talking and talking,

I feel I still
have those shoes on,
stubborn,
sleepless.

And I keep walking, walking
like an old fire,
like a tree without roots
in the world.

A veces esos
zapatos hicieron
escándalo
y patearon
puertas y armarios,
como los cascos
de un caballo
enfermo de sí mismo;
patearon cajas,
libros,
todo lo que tuvo
huellas
de los hombres.

En las noches
en las que no puedo
apagar las luces
de mis ojos,
en las que sigo
hablando y hablando,
siento que todavía
tengo puestos
esos zapatos,
tercos,
insomnes;
y sigo caminando, caminando
como un incendio viejo,
como árbol sin raíces
en el mundo.

THESE TIMES

Compassion
is a moment,
a blade of grass,
lonely in the mouth
of a lonely cow.

Laugh while you can.

May only the religious,
the weak and the sick
know compassion?

I am a believer.
I awake believing.
I go to bed believing.
Is it my nature?

Laugh while you can.

Is your family
hiding from hunger?
From friendly fire?
From intelligent missiles?
From pain that drips like sap?

Are they hiding from this life,
deep underground?
Like an old herd of wild horses.

Laugh while you can.

ESTOS TIEMPOS

La compasión es un momento.
Una hoja de hierba solitaria
entre los dientes de una vaca sola.

Ríe mientras puedas.

¿Sólo los religiosos,
los débiles y los enfermos
saben qué es la compasión?

Soy un creyente.
Despierto creyendo
y me duermo creyendo.
¿Es mi naturaleza?

Ríe mientras puedas.

¿Se esconde tu familia
de los fuegos amistosos,
del hambre,
de misiles inteligentes,
del dolor que gotea como savia?

¿Se esconden debajo de la tierra,
de la vida
como una manada de caballos?

Ríe mientras puedas.

HERE AND EVERYWHERE

I am an oak
that extends its roots
towards another universe.

Another universe
without roots or time.

I am a cat
that leaves your house
at midnight.

I enter
and I leave all
things that smell
of your secrets.

I am a scream
trapped
in a sphere of light,
in a neighborhood
of glass and porcelain.

All hands
dirtied me
in the darkness of winter.

All teeth
chew my word
like flour from grains
that respond
to the magnetism of nothing.

AQUÍ Y EN TODAS PARTES

Soy roble,
extiendo mis raíces
hacia otro universo.

Otro universo
sin raíces o tiempo.

Gato
que sale a medianoche
de tu casa.

Entro
y salgo de las cosas
que huelen
a tus secretos.

Grito
encerrado
en una esfera de luz,
en un vecindario
de vidrio y porcelana.

Todas las manos
me ensucian
en la oscuridad del invierno.

Todos los dientes
mastican mi palabra,

como harina de granos
que responden
al magnetismo de la nada.

I am the skin of a serpent
between the pages
of a sacred book,
poison that sings
at a wedding
of a tribe that escapes.

I am a suicidal deer
crossing the road
at dawn.

Fishpond of a town
between grenades
of fire and blood.

Can you hear me
walk
in the temples
of leaf litter
and waterfalls?

Piel de víbora
entre las páginas
de un libro sagrado,
veneno que canta
en una boda de pueblo
en fuga.

Venado suicida,
cruzo la carretera
en la madrugada.

Soy estanque de peces
de ciudad
entre granadas
de fuego y sangre.

¿Me escuchas
caminar
en los templos
de hojarasca
y cascadas?

HOUSE OF REASON

On nights when I hear
with my whole body
the sound of the wings
of geese that migrate
to other skies
to other fields of kindness,
I think about the House of Reason
to which my mother took her sick.
There, my cousin Erasmo saw for the first time
the face of God. God had the eyes
of an old man-weaver of fires.
God was another insane person asking for water
as he crawled in the mud
like a thousand year old bacteria
with arms and legs, God was another insane person
said my cousin Erasmo
that asked for Maria's hands on his chest.

In the House of Reason
on every wall, you could heard
according to my cousin Erasmo
the divine pulse of the nurse
that connected them with pure hands
to the machine of memories.

The days in the House of Reason
were like autumn days.
A dry leaf infinitely falling
into the puddle of the faces of loved ones.
A dry leaf falling like a hand
on the shoulder when cold burns in the eyes
like a drop of winter.

CASA DE LA RAZÓN

En las noches que escucho
con mi cuerpo
el sonido de las alas
de los gansos que emigran,
hacia otro cielo,
hacia otros campos amables,
me recuerdo de la Casa de la Razón
a la que mi madre llevó a sus enfermos.

Ahí mi primo Erasmo vio por primera vez
el rostro de Dios. Dios tenía los ojos
de un anciano tejedor de incendios,
era otro loco que pedía agua
y se arrastraba en el lodo
como una bacteria milenaria.
Era otro loco,
me dijo mi primo Erasmo,
que pedía las manos de María en su pecho.

En la Casa de la Razón
por todas las paredes se escuchaba,
según mi primo Erasmo,
el pulso divino de la enfermera
que con sus manos los conectaba
a la máquina de los recuerdos.

Los días en la Casa de la Razón
eran de otoño:
hojas secas cayendo
infinitas en el charco de los rostros amados;
cayendo, como una mano
en los hombros cuando el frío arde en los ojos
igual que gota amarga en el invierno.

One Saturday, my cousin Erasmo
left the House of Reason,
lucid and whole.
He no longer felt like a coyote
that stole his wings from the crows,
the coyote, everyone laughed at.
He walked upright and tall
like the tree that a hand
straightens and cleans
after escaping lightning.

Un día sábado, mi primo Erasmo
salió de la Casa de la Razón,
lúcido y caminando.
Ya no se sintió el coyote
que robó sus alas a los cuervos,
el coyote del que todos se burlaron.

Caminó alto y derecho,
como el árbol que una mano
endereza y limpia las ramas
después de librar al rayo.

NOVEMBER'S BREAD

Your body smells
like bread sometimes.
Bread that comes out
of the peace of an oven
that bakes under
the eyes of the infinite.

Dead's bread
with painted face
by Night hands.

Instant yeast
your chest by streets
of mud and smooth stones.

From the East
you came to my house
of clay and incense,
of earthquakes and screams.
Under your feet
earth crumbles like bread
in the mouth of the chocolate cup.

Sometimes your body
smells like sacred blood,
rice paper and cranes
in November's swamps.

PAN DE NOVIEMBRE

Tu cuerpo huele
a pan algunas veces,
pan que sale de la paz
de un horno que arde
bajo los ojos del infinito.

Pan de muerto
con carita pintada
por las manos de la noche.

Levadura del instante
tu pecho por las calles
de piedra liza y lodo.

Desde el oriente te traje
a mi casa de barro e incienso.
A mi casa de temblores y gritos.

Bajo tus pies la tierra
se deshace como la migaja
en la boca pocillo de chocolate.

A veces tu cuerpo
huele a sangre sagrada,
papel de arroz y garzas
en los pantanos de noviembre.

WITH ALL HIS WOUNDS
THE SUN RISES

I think of you
as I would a country
that awakens
from one day to the next without
sons.
Lonely,
in the darkness of yourself.

I think of you
like a pathway made
by deer
in the snow of years,
a country
that awakens
with burns all over its body,
with its fingernails burned
in the walls of memory
and ice.

This is how I think of you,
flesh of the new fires.

I think of you
as a body
that wants to leave
the abyss that bends it,
as a hungry branch
that awaits tenderness in the waist of the wind.

I think of you this way,
as incense,
sweat in the hands
of reason.

Sun that rises
every day
with all his wounds.

SE LEVANTA EL SOL
CON TODAS SUS HERIDAS

Pienso en ti
como se piensa un país
que amanece
de un día a otro sin
hijos.
Solo,
en la oscuridad de ti mismo.

Te pienso
como un camino hecho
por los ciervos
en la nieve de los años;
un país
que se despierta
con quemaduras en todo el cuerpo,
con las uñas enterradas
en las paredes de la memoria
y el hielo.

Así te pienso,
carne de los incendios nuevos.

Así, cuerpo
que quiere salir
del abismo que lo dobla
igual a rama hambrienta
de ternura en la cintura del viento.

Te pienso así,
incienso,
sudor en las manos
de la razón.

Sol que se levanta
cada día
con todas sus heridas.

Moisés Villavicencio Barras is co-founder of Cantera Verde, one of Mexico's most significant literary publications for the last 25 years. His poetry has been published in Mexico and the United States. He has two poetry books published, *Mayo entre Voces / May among Voices* (Oaxaca, Mexico, 2001.) and *Luz de Todos Los Tiempos / Light of All Times*, bilingual edition (Madison, Wisconsin, 2013.)

www.ingramcontent.com/pod-product-compliance
Lightning Source LLC
Chambersburg PA
CBHW022049080426
42734CB00009B/1284

*9 7 9 8 8 9 9 9 0 0 2 8 0 *